Inhalt

Fall Enron: Konsequenzen für Unternehmensbewertung und -prüfung

Kernthesen

Beitrag

Fallbeispiele

Weiterführende Literatur

Impressum

Fall Enron: Konsequenzen für Unternehmensbewertung und -prüfung

G. Dengl

Kernthesen

- Durch die offenbar beschönigende Bewertung von Enron noch bis kurz vor dem totalen Zusammenbruch enttäuschten die Rating-Agenturen das Vertrauen der Anleger in die Börse und in deren Kontrollmechanismen.
- Auch hierzulande werden als Konsequenz die Kontrollen für Abschlussprüfer verschärft.
- Obwohl die Rating-Agenturen und

Investmentbanken für die fehlerhaften Bewertungen möglicherweise maßgeblich mitverantwortlich sind, gehen sie selbst weniger beschadet aus der Enron-Krise hervor, als befürchtet.

Beitrag

Durch den Zusammenbruch von Enron gerieten Wirtschaftsprüfungsgesellschaften, eine Reihe namhafter Investmentbanken sowie Rating-Agenturen in Verruf. Der ausgelöste Vertrauensschwund in die Mechanismen der Kapitalmärkte (Wirtschaftsprüfer, Rating-Agenturen, Börsenaufsicht) führte in den vergangenen Monaten zu beträchtlichen Kursabschlägen und zeitigte eine zurückgehende Investorenaktivität. Diese Reaktion der Börse wird plakativ mit "Enronitis" bezeichnet. [20]

Die Folgen daraus sind vielfältig: Wirtschaftsprüfer, Rating-Agenturen, Investmentbanken und nicht zuletzt der Gesetzgeber sind stark in die Kritik geraten. Um das verspielte Vertrauen der Kapitalgeber zurückzugewinnen stehen nun schmerzhafte Veränderungen in mehreren Bereichen an.

Vor allem hinsichtlich der Frage einer realistischen Unternehmensbewertung ist einmal mehr klar geworden, wie wenig Bedeutung die korrekte Berechnung einer Kennzahl für die Darstellung der Gewinnsituation eines Unternehmens hat. Die permanente Diskussion über die Stärken und Schwächen verschiedener Verfahren (KGV, DCF, EVA, etc.) ist seit Enron eher in den Hintergrund getreten. Es setzt sich zunehmend die Erkenntnis durch, dass realistische und verlässliche Unternehmensbewertungen mehr von den Menschen und deren objektiver Urteilskraft abhängen, als von mathematisch und buchhalterisch ausgefeilten Verfahren. [(6)](#)
Diese Erkenntnis ist nicht ganz neu, aber aufgrund der jüngsten Entwicklungen rückt das Bedürfnis der Öffentlichkeit nach stärkerer Kontrolle und Regulierung in der Unternehmensbewertung wieder in den Vordergrund.

Geschickte Verschleierung der Unternehmenslage

Die unter US-GAAP mögliche Praxis, Belastungen für einzelne Projekte in sogenannten außerbilanziellen Partnerschaften (off-balance sheet partnerships) unterzubringen und sie bei der Konsolidierung zu vernachlässigen, soll unterbunden werden. Diese im

Einzelfall sinnvolle Möglichkeit kleinere Projekte finanziell zu steuern wurde gerade im Fall Enron möglicherweise massiv missbraucht um die tatsächliche Ertragslage zu verschleiern: Enron hatte mehr als 900 solcher Partnerschaften und könnte diese dazu verwendet haben, Verluste aus der eigenen Bilanz herauszuhalten! In der andauernden Diskussion, welche Rechnungslegungsgrundsätze für internationale Unternehmen besser geeignet seien, haben die Verfechter von IAS nun dank Enron wieder ein starkes Argument auf ihrer Seite. (20)

Das europäische Parlament beschloss hierzu die verpflichtende Einführung von IAS für alle börsennotierten Unternehmen, die nicht bereits nach US-GAAP bilanzieren, bis spätestens 2005. Die EU-Kommission wird spätestens bis Jahresende die genauen Vorschriften aus den Vorschlägen des International Auditing Standards Board (IASB) in London auswählen. (9)

Abschlussprüfer im Interessenkonflikt

Wirtschaftsprüfungsgesellschaften befinden sich in einem für die Branche typischen Interessenkonflikt. Geld verdienen kann man nämlich heute mit der reinen Abschlussprüfung ohnehin nicht mehr, sondern nur noch mit der prüfungsnahen Beratung. Hierin besteht aber ein Interessenkonflikt, denn letzten Endes kontrollieren die Prüfer dann nur, was ihre Kollegen von der Beratung umgesetzt haben. Nachdem mit der Beratungsleistung ein Vielfaches von dem mageren Prüfungshonorar verdient wird, kann man weder von objektiver Beratung noch von objektiver anschließender Prüfung sprechen. (18)

Auftraggeber wie Prüfer haben oft beide großes Interesse daran, ein Unternehmen gut dastehen zu lassen - für Abschlussprüfer geht es darum , ein lukratives Mandat zu verlängern, für ein Unternehmens-Management geht es darum, weiterhin im Amt zu bleiben.
Mögliche Konsequenzen, die sich für den amerikanischen, wie für den hiesigen Wirtschaftsraum ergeben könnten, sind die Trennung von Prüfung und Beratung, sowie eine vorgeschriebene Rotation der Prüfungsmandate nach einer bestimmten Periode (siehe dazu TRENDS). (12)

Bewertung durch Rating-Agenturen anhand von Kennzahlen

Zunehmend ins Kreuzfeuer der Kritik geraten sind nun aber auch Rating-Agenturen. Noch bis kurz vor dem Kollaps wurde die Enron-Aktie als "Kauf" bzw. "Starker Kauf" eingestuft, und das, obwohl, wie bekannt wurde, zu diesem Zeitpunkt bereits offensichtlich gewesen sein muss, dass Enron vor dem Bankrott stand. Einer Untersuchungskommission wurde von Rating-Agenturen eingestanden, dass verschiedene essentielle Angaben zur finanziellen Lage von Enron bewusst zurückgehalten wurden, darunter fallen vor allem deren außerbilanzielle Partnerschaften. (20), (13)

Der Interessenkonflikt, in dem sich die Rating-Agenturen befinden liegt auf der Hand: Sie werden einerseits für das Rating bezahlt, sollen aber andererseits eine objektive Einschätzung der Bonität eines Unternehmens abgeben. (8) Die Ergebnisse solcher Ratings werden in aller Regel öffentlich zugänglich gemacht. Im positiven Fall hat das einen großen Werbeeffekt. (10)

Eine weitere Kritik, die in diesem Zusammenhang laut wird, ist wieder einmal die Frage nach der Aussagekraft und Verlässlichkeit der beliebtesten Kennzahl an der Börse, dem KGV. Bei dieser Kennzahl ist der Kurs bekannt, der zukünftige Gewinn muss allerdings geschätzt werden. Eben diese Schätzung ist sehr störanfällig, denn im Grunde

hängt sie davon ab, wie der Analyst gefühlsmäßig die Zukunft der Branche und des Unternehmens beurteilt. Das Platzen der Dotcom-Blase hat eindrucksvoll gezeigt, wie anfällig die Börse und damit die Praxis der Unternehmensbewertung für die allgemeine Stimmung ist. (2)
Im Fall von Enron glaubten Analysten bis zuletzt an eine glänzende Zukunft und ignorierten widersprüchliche Meldungen einfach (siehe dazu auch CASES). (17)

Unklare Rolle der Investmentbanken

Nach wie vor ungeklärt ist die Rolle verschiedener Investmentbanken in der Enron-Affäre. Sie verfügen über eigene Analysten und sind nicht auf das Urteil der Rating-Agenturen angewiesen. Dass sie trotzdem bis zuletzt an der Aktie festhielten verwundert daher. Ein möglicher Erklärungsansatz ist die Frage, inwieweit Investmentbanken wirtschaftlich und kapitalmäßig mit Enron verflochten sind oder waren. Wenn viele außerbilanzielle Partnerschaften auf Anraten von Banken eingegangen werden, dann könnte das wiederum bedeuten, dass Banken ziemlich genau über eine wirtschaftliche Schieflage Bescheid wissen könnten, ihren Kunden allerdings diese Informationen womöglich vorenthalten. (17) Demnach könnten Banken kaum geltend machen, dass sie auf ein Prüfsiegel vertraut haben oder von externen Analysten getäuscht wurden.

Obwohl die Sammelklage gegenüber Enron und Andersen nun auch auf eine Reihe namhafter Investmentbanken ausgedehnt wurde, ist noch nicht zu erkennen, mit welchen Folgen hier zu rechnen ist. (4) Das liegt möglicherweise daran, dass die Rolle und der Einfluss der Banken noch nicht völlig geklärt ist.

Fazit

Eventuell hat ein Fehlverhalten von Wirtschaftsprüfern, Rating-Agenturen und der Investmentbanker dem Enron-Management überhaupt erst die Chance eröffnet, so lange unentdeckt Misswirtschaft zu praktizieren. Alle Beteiligten können solange davon profitiert haben, bis der Untergang nicht mehr zu verhindern war. Die Leidtragenden sind nicht nur tausende Ex-Mitarbeiter, die sich um ihre Pensionsforderungen betrogen sehen, sondern auch die breite Öffentlichkeit, die das Vertrauen in die Mechanismen des Kapitalmarktes verloren hat, und jetzt lieber woanders oder gar nicht investiert. Gerade für den sich erst entwickelten deutschen Aktienmarkt, der noch keine gefestigte Aktienkultur aufweisen kann, bedeutet dieser Vertrauensbruch eine herbe Enttäuschung. (1)

Das fragwürdige Verhalten aller Beteiligten war aber andererseits nur möglich, weil das System an sich dazu verleitet. Aus Flexibilitätsgründen hat man in den USA mehr denn hierzulande relativ wenige wechselseitige Kontrollen und Rechenschaftspflichten. Allein die US-GAAP sind nicht gesetzlich kodifiziert, sondern stellen ein loses Regelwerk dar, das noch nicht einmal in sich selbst widerspruchsfrei ist. Die Absicht besteht darin, dem Management weitgehendst Freiheiten hinsichtlich der Abschlusserstellung zu geben. Für Steuerzwecke werden die nach US-GAAP erstellten Abschlüsse deshalb gemeinhin als untauglich erachtet, dafür gibt es einen eigenen umfangreichen Abschluss nach Regeln der SEC.

In Deutschland besteht dagegen ein viel engerer Zusammenhang zwischen der Handels- und der Steuerbilanz. Diese Bindungen engen zwar auf der einen Seite den Gestaltungsspielraum bei der Bilanzierung ein (was sich im internationalen Vergleich teilweise als Nachteil erweisen kann), bietet aber auf der anderen Seite eine höhere Transparenz, und damit einen erhöhten Gläubigerschutz. (20)

Fallbeispiele

Einen der spektakulärsten Fälle von mutmaßlichem Wirtschaftsbetrug in Deutschland stellt der Fall Comroad dar. Möglicherweise hat der Telematikanbieter für das Geschäftsjahr 2001 rund 98% der Umsätze nur erfunden. KPMG, die Prüfer des Unternehmens (die im Übrigen schon im dritten Jahr für Comroad tätig sind) haben erst Verdacht geschöpft, als sich herausstellte, dass der Hauptabnehmer, eine angebliche Firma in Hong Kong, gar nicht existierte. Laut eigenen Angaben habe KPMG sofort reagiert und das Mandat unverzüglich niedergelegt. (11) Durch die dreijährige Zusammenarbeit entsteht in der Öffentlichkeit jedoch ein anderes Bild. Dass KPMG gerade jetzt das Mandat niederlegt, wo den Wirtschaftsprüfern stärker auf die Finger gesehen wird, muss kein Zufall sein.

Ein Beispiel dafür, dass sich realistische Unternehmensbewertungen nicht immer auszahlen, ist der ehemalige Star-Analyst Daniel Scotto. Nach einer Bilderbuchkarriere übernahm er die Leitung des

Analystenteams bei der französischen Großbank BNP Paribas. Wiederholte Versuche das Unternehmen realistisch zu beurteilen, d. h. wesentlich negativer als bis dato üblich, sollen schließlich in seiner Kündigung gegipfelt sein. Scotto gibt an, nicht nur im Falle Enron, aber da besonders, massiv unter Druck gesetzt worden zu sein, um dem maroden Konzern gegen besseres Wissen immer wieder Bestnoten und Kaufempfehlungen zu geben. (21)

Als Reaktion auf die Vorwürfe, dass die Ratings nicht die wahre Lage der Investionsobjekte widerspiegeln, hat nun Standard & Poors teilweise die Bewertungsmethoden geändert. Von den bisherigen rein quantitativen Bewertungen, die unter bestimmten (realistischen?) Annahmen letzten Endes die Daten der Vergangenheit in die Zukunft verlängern, wird zunehmend auf qualitative Bewertungen umgestellt. Als qualitative Faktoren sind zum Beispiel das Management, der Anlageprozess (bei Fonds) und die Positionierung des Unternehmens am Markt zu berücksichtigen. (10)

Von methodischer Seite ist die Diskussion um die Zuverlässigkeit und Aussagekraft von Kennzahlen wie dem KGV erneut aufgeflammt. Unternehmen wie Analysten sehen sich dem Zwang ausgesetzt die Komplexität eines Unternehmens alle drei Monate auf eine einzige Zahl zu verdichten, die wiederum dem Anleger als Entscheidungsgrundlage dienen soll. Ganz gleich wie kompliziert und realitätsnah das Berechnungsverfahren und die Annahmen sind, es dürfte schon per Definition eine unlösbare Aufgabe sein. Dennoch wird und wurde es von den Analysten schon immer so gemacht, und von den Anlegern schon immer so geglaubt. (3) Die größte Gefahr besteht dabei in den getroffenen Annahmen. Zu oft, und zuletzt im Fall Enron, hat sich gezeigt, dass die Annahmen eher dem Bauchgefühl der Analystengemeinde als einer neutralen Einschätzung entspringen. Diese Unsicherheitsquelle überschattet letzten Endes jede noch so korrekte Berechnung. (2)

Weiterführende Literatur

(1) "Primärmarkt ist schwierig, aber nicht tot" Unternehmensbewertung vom Marktsegment unabhängig - Gespräch mit Martin Reinboth, Morgan Stanley
aus Börsen-Zeitung, 23.02.2002, Nummer 38, Seite 3

(2) Stochern im Nebel Immer wieder sorgen unterschiedliche Angaben über Unternehmensgewinne bei Analysten und Investoren für Verwirrung - ein Thema, das nicht erst seit der Enron-Pleite den Anbietern von Finanzinformationen Kopfzerbrechen bereitet. Zwei namhafte Finanzagenturen haben jetzt ihre

Berechnungsstandards geändert
aus FTD Financial Times Deutschland vom 22.02.2002, Seite WE 10

(3) Collingwood, Harris, Vom Widersinn der Quartalsberichte, Harvard Business Manager, 01.10.2001, Nr. 6, S. 77
aus FTD Financial Times Deutschland vom 22.02.2002, Seite WE 10

(4) De Thier, Peter, Deutsche Bank muss sich einer Enron-Klage erwehren, Bonner General-Anzeiger, 09.04.2002, S. 22
aus FTD Financial Times Deutschland vom 22.02.2002, Seite WE 10

(5) EU lässt Wirtschaftsprüfer ungeschoren Erste Vorschläge für einen Kodex zur Unabhängigkeit von Prüfungs- und Beratungsfirmen sind trotz des Enron-Skandals nicht so scharf wie erwartet
aus FTD Financial Times Deutschland vom 27.03.2002, Seite 10

(6) Unternehmensbewertung im Wandel
aus Der Schweizer Treuhänder, Heft 6-7/2001, S. 607-614

(7) Hirn, Wolfgang / Student, Dietmar, Willkommen im Klub, Manager Magazin, 01.04.2002, Nr. 4, S. 58
aus Der Schweizer Treuhänder, Heft 6-7/2001, S. 607-614

(8) Ratingagenturen unter Beschuss Sie sind Monopolisten, ohne externe Kontrolle und ohne Rechenschaftspflicht
aus WirtschaftsBlatt, 27.03.2002, Nr. 1590, S. C2

(9) EU-Parlament stimmt für IAS-Bilanzregeln ab 2005 Abgeordneter fordert Wechsel der Wirtschaftsprüfer
aus FTD Financial Times Deutschland vom 13.03.2002, Seite 23

(10) Investmentfonds - Die Zukunft des Fonds-Ratings
aus Zeitschrift für das gesamte Kreditwesen Nr. 21 vom 01.11.2001 Seite 1197

(11) KPMG: Keine Versäumnisse bei Comroad
aus Frankfurter Allgemeine Zeitung, 12.04.2002, Nr. 85, S. 17

(12) "Prüfer eher entflechten als fusionieren" Landesbankchef Adam legt Forderungskatalog vor
aus Börsen-Zeitung, 20.03.2002, Nummer 55, Seite 7

(13) "Wachhunde haben nicht gebellt: Enron und die Analysten"
aus Frankfurter Allgemeine Zeitung, 01.03.2002, Nr. 51, S. 26

(14) Palan, Dietmar, Der große Ausverkauf, Manager Magazin, 01.03.2002, Nr. 3, Seite 202
aus Frankfurter Allgemeine Zeitung, 01.03.2002, Nr. 51, S. 26

(15) EU: Verhaltensregeln für Wirtschaftsprüfer Enron-Skandal in Europa vermeiden
aus WirtschaftsBlatt, 03.04.2002, Nr. 1594, S. A6

(16) Reim, Martin, Firmen und ihre Prüfer auf Konfrontationskurs, Süddeutsche Zeitung, 15.03.2002, S. 23
aus WirtschaftsBlatt, 03.04.2002, Nr. 1594, S. A6

(17) Analysten verteidigen Enron-Empfehlungen US-Senatsausschuss kritisiert Bankexperten · Wertpapieraufsicht SEC tritt angeblich als Vermittler für Andersen auf den Plan
aus FTD Financial Times Deutschland vom 28.02.2002, Seite 24

(18) Harte Prüfungen
aus Börsen-Zeitung, 22.03.2002, Nummer 57, Seite 8

(19) "Der Glaube an die Wahrheit ist vorbei"
aus Frankfurter Allgemeine Sonntagszeitung, 17.02.2002, Nr. 7, S. 45

(20) Der Gewinn ist nicht der Gewinn Der Fall Enron und die Bilanzlehren / Der Glaube an die Überlegenheit der US-Rechnungslegung ist erschüttert / Gastbeitrag von Jens Wüstemann
aus Frankfurter Rundschau v. 23.02.2002, S.10

(21) Wall Street im Zwielicht Die Rolle der Börsianer und Banken im Enron-Skandal blieb lange unberücksichtigt. Das ändert sich nun. Gestern lief

die Frist aus, bis zu der die Investmenthäuser erklären müssen, warum sie den Kollaps des Energieriesen nicht voraussahen. Die Geschichte des BNP-Paribas-Staranalysten Daniel Scotto, der nach seiner Warnung gefeuert wurde, lässt Böses ahnen
aus FTD Financial Times Deutschland vom 21.03.2002, Seite 29

Impressum

Fall Enron: Konsequenzen für Unternehmensbewertung und -prüfung

Bibliografische Information der deutschen Nationalbibliothek

Die Deutsche Nationalbibliothek verzeichnet diese Publikation in der deutschen Nationalbibliografie; detaillierte bibliografische Daten sind im Internet über http://dnb.d-nb.de abrufbar.

ISBN: 978-3-7379-1559-5

© 2015 GBI-Genios Deutsche Wirtschaftsdatenbank GmbH, Freischützstraße 96, 81927 München, www.genios.de

Alle Rechte vorbehalten. Dieses Werk ist einschließlich aller seiner Teile – z.B. Texte, Tabellen und Grafiken - urheberrechtlich geschützt. Jede Verwertung außerhalb der Grenzen des Urheberrechtsgesetzes bedarf der vorherigen Zustimmung des Verlags. Dies gilt insbesondere auch für auszugsweise Nachdrucke, fotomechanische

Vervielfältigungen (Fotokopie/Mikroskopie), Übersetzungen, Auswertungen durch Datenbanken oder ähnliche Einrichtungen und die Einspeicherung und Verarbeitung in elektronischen Systemen.